T0110800

Printed in the United States
By Bookmasters

الحق في الجنسية والتجريد منها

دراسة في ضوء التشريع العراقي والتشريعات المقارنة

والمواثيق الدولية

تعريف الجنسية - موقف المواثيق الدولية من الحق في الجنسية - الإعلان العالمي لحقوق الإنسان - العهد الدولي الخاص بالقضاء على جميع أشكال التمييز العرقي - اتفاقية القضاء على جميع أشكال التمييز ضد المرأة - التجريد من الجنسية - التجريد بسحب الجنسية - التجريد بإسقاط الجنسية - واقع التجريد من الجنسية.

دكتورة

زينب وحيد دحام

مدرس القانون الجنائي المساعد

كلية القانون جامعة سوران

الأستاذ

محمد وحيد دحام

المحامي

الطبعة الأولى

2013

المركز القومي للإصدارات القانونية

54 ش علي عبد اللطيف - الشيخ ريحان - عابدين - القاهرة

Mob: 01115555760 - 01002551696 - 01224900337

رقم الإيداع : 20647 /2012

المركز القومي للإصدارات القانونية

54 ش علي عبد اللطيف – عابدين – القاهرة

0122387611- 002 -02-27964395

Walied_gun@yahoo.com

بسم الله الرحمن الرحيم

﴿ وَلَقَدْ كَرَّمْنَا بَنِي آدَمَ وَحَمَلْنَاهُمْ فِي الْبَرِّ وَالْبَحْرِ وَرَزَقْنَاهُم مِّنَ الطَّيِّبَاتِ وَفَضَّلْنَاهُمْ عَلَى كَثِيرٍ مِّمَّنْ خَلَقْنَا تَفْضِيلاً {70/17} ﴾

[سورة الإسراء: الآية 70]

شكر وتقدير

- نتقدم بخالص الشكر والتقدير للمركز القومي للإصدارات القانونية ...

- على الجهد الذي بذله لإخراج هذا العمل على هذه الصورة المتميزة..

- **ونختص بالشكر السيد/وليد مصطفى**

  رئيس مجلس الإدارة

- راجين له التوفيق فيما ينشره المركز من إصدارات تسهم في نشر الثقافة والمعرفة القانونية.

الدكتورة

زينب وحيد دحام

الأستاذ

محمد وحيد دحام

إهـــــداء

- إلى سر وجودي بعد الـلـه

التي علمتني أن: العطر يتبخر، والطعام يؤكل،

والورود تذبل، إلا العلم لا يعرف الذبول.

- والدتي الحبيبة

الكاتبين

ابنيك محمد وزينب

بسم الله الرحمن الرحيم

مقدمة

اهتم القانون الدولي بموضوع الجنسية وأولاها رعاية خاصة واعتبرها حقاً لكل إنسان، حيث ورد في نص المادة السادسة من الإعلان العالمي لحقوق الإنسان الصادر في العام 1948 أن لكل إنسان في كل مكان الحق بان يعترف له بالشخصية القانونية، وهذا الاعتراف القانوني يضع الإنسان مهما كانت قوميته أو دينه أو مذهبه أو لونه أو فكره في وضع شرعي وقانوني متميز من ناحية حقوقه الإنسانية والقانونية الوطنية المشروعة.

وليس الإعلان العالمي وحده من جاء بهذه الصياغات، بل أكدتها العهود والمواثيق الدولية واعتبرت هذه بمثابة النصوص النافذة في القوانين الداخلية الوطنية حماية للإنسان من تعسف السلطات ومن الخروقات التي تقدم عليها الحكومات ضد حقوق الإنسان .

وأكدت جميع الأديان السماوية على تكريم الإنسان وحمايته من الظلم والتعسف والغبن، وكان القرآن المجيد قد أورد في محكم آياته

ضمن سورة الإسراء ﴿ وَلَقَدْ كَرَّمْنَا بَنِي آدَمَ وَحَمَلْنَاهُمْ فِي الْبَرِّ

وَالْبَحْرِ وَرَزَقْنَاهُم مِّنَ الطَّيِّبَاتِ وَفَضَّلْنَاهُمْ عَلَى كَثِيرٍ مِّمَّنْ خَلَقْنَا

تَفْضِيلاً ﴾.

وحيث أن الخـالق الأزل كـرَم الإنسـان وأعـلى شـأنه وقـدره واعتباره الإنساني، فأنه أمر أيضاً باحترام وصيانة أدميته وحقوقه .

وعلى هذا الأساس فأن الدولة تمـنح المـواطن جنسيتها لكـون هذه الجنسية تعني العلاقـة العقديـة أو الرابطـة القانونيـة بـين المواطن والحكومة يكتسبها بالولادة أو بالزواج أو بالإقامـة حيث أكدت المادة (15) من الإعلان العالمي لحقوق الإنسان إن لكل فرد حق التمتع بجنسية ما، ولا يمكن بأي حال مـن الأحـوال حرمان أي شخص من جنسيته، ولا يمكن أيضاً منعه مـن ممارسـة حقه في تغيير جنسـيته وفـق القـوانين المرعيـة والطـرق القانونيـة المشروعة .

ومن ذلك دعت البشرية إلى عدم السماح للسلطات بأن تجرد الإنسان من جنسيته وتحوله إلى شخص دون جنسية، لقد حظي هذا المبدأ على موافقة المنظومة الدوليـة بالإجماع والتأكيـد عـلى الالتزام بعدم المساهمة في خلق وإيجاد حالـة انعـدام الجنسـية المذكورة لأنها تشكل تجريد أنساني وخرق قانوني وانتهاك للقيم والاعتبارات السماوية والإنسانية.

وزيادة في التأكيد على هذا الأمر فقد أكد العهد الدولي الخاص بالحقوق المدنية والسياسية الصادر من الأمم المتحدة بتاريخ 16 كانون الأول 1966، إذ أورد نفس تلك المبادئ فيما يتعلق بعدم جواز تجريد أحد من جنسيته أو مواطنته.

لقد كان العراق من بين الدول الموقعة على الإعلان العالمي لحقوق الإنسان وعلى الاتفاقيات والعهود اللاحقة لذلك، إلاَ أن النظام العراقي السابق أقدم على ارتكاب خروقات إنسانية راحت ضحيتها شرائح كبيرة من أبناء الشعب العراقي جراء هذه الخروقات لأسباب سياسية دون مراعاة لأدنى مستوى من الإنسانية.

سنركز في بحثنا هذا على النصوص القانونية التي تتعلق بالحق في اكتساب الجنسية والحق في تغيير الجنسية والاحتفاظ بها ،وفي منح الجنسية للأولاد أو الأزواج ثم نعرج للتكلم عن التجريد من الجنسية . لما لهذه المواضيع من أهمية كبيرة في عدم حرمان احد من جنسيته بعد أن حرم منها الكثيرين في ظل النظام السابق، كما سنتطرق إلى مدى خضوع القانون الجديد لعام 2006 للمعايير الدولية وذلك بمقارنة نصوصه بالمواثيق الدولية.

والله ولي التوفيق

المبحث الأول
تعريف الجنسية

تعد الجنسية المعيار الرئيس للتمييز بين الشخص الوطني والشخص الأجنبي لما يترتب على ذلك من تمييز بين الحقوق التي يتمتعا بها والالتزامات المفروضة عليهما ولذا كان لابد في البدء من تعريف الجنسية.

حيث تعرَف الجنسية بأنها رابطة قانونية سياسية تربط شخصا بدولة [1]. فهي رابطة قانونية بين الشخص والدولة تترتب عليها حقوق والتزامات متبادلة ،وهي رابطة سياسية لأنها أداة التوزيع الأفراد جغرافيا بين الدول وتجعل الشخص احد أعضاء شعب الدولة .

والشعب هو ركن أساسي من أركان الدولة يتكون من مجموع الأفراد الذين يرتبطون بالدولة قانونياً وسياسياً برابطة الجنسية ويصبحون بموجبها وطنيين يتمتعون بالحقوق الالتزامات ويختلف من جراء ذلك مركزهم القانوني في الدولة عن المركز القانوني للاجانب خاصة بالنسبة للتمتع بالحقوق السياسية وحق العمل وتملك العقارات وأداء الخدمة لعسكرية[2].

---

(1) الأستاذ الدكتور حسن محمد الهداوي والأستاذ المشارك الدكتور غالب علي الدواي. القانون الدولي الخاص. الجنسية, المواطن, مركز الأجانب وأحكامه في القانون العراقي. الجزء الأول ص31.

(2) المصدر السابق: ص31. وكذلك د.حسن الهداوي: الوجيز في القانون الدولي الخاص،ج1 وج2، مطبعة الإرشاد - بغداد ،1961-1962. ص119.

كما تعرَف الجنسية[1] بأنها رابطة قانونيـة وسياسـية بـين فـرد ودولة معينه مـن شـأنها أن تـدخل هـذا الفـرد في عـداد السـكان المكـونين لهـا، وبالتـالي تـنشيء هـذه الرابطـة حقوقـا والتزامـات متبادلة بينهما.

نستنتج من هذا التعريف ومما سبق على أن الجنسية تقـوم على ثلاثة أركان وهي:-

1- **الدولة:** تملك الدولة فقـط حـق مـنح الجنسـية، ويترتـب عـلى ذلـك أن الوحـدات السياسـية التـي لا تتمتـع بصـفة دولـة لا يحق لها إنشاء رابطة الجنسية مثل المنظمات الدولية.

2- **الفرد:** لا تمنح الجنسية من حيث المبدأ إلا للشـخص الطبيعـي إي الإنسان ولكن مفهوم الفرد يتطور ليشمل أيضاً الشخصية الاعتبارية كالشركـات والمؤسسـات والجمعيـات المعـترف بهـا قانونا.

3- **رابطة قانونية وسياسية:** تعتبر الجنسـية رابطـة قانونيـة لأنهـا تنشـأ وفقـا لأحكـام القـانون الـذي تصـدره الدولـة المعنيـة ، وتحـدد هـذه الأحكـام كيفيـة اكتسـاب الجنسـية وفقـدها والحقوق والالتزامات التي تنشئها رابطة الجنسية بـين الفـرد والدولة .

وتعُد رابطة سياسية لأنها تقوم على اعتبارات سياسية وكذلك توزيع الأفراد دولياً[2].

(1) مجلة الموسوعة العربية:الجنسية, المجلد السابع. انظر في ذلك موقع على شبكة الانترنت: www.arab-ency.com

(2) المصدر السابق.

المبحث الثاني
موقف المواثيق الدولية
من الحق في الجنسية

أولت التشريعات الدولية موضوع الجنسية أهمية بالغة لضمان عدم بقاء فرد دون جنسية أو حرمانه من حقه في اكتسابها أو تغييرها، وعدم تقييد ذلك إلا لحماية الأمن القومي أو النظام العام أو الصحة العامة أو الآداب العامة أو حقوق الآخرين وحرياتهم، لذا سنتناول في هذا المحور أهم المواثيق الدولية التي أولت عنايتها للحق في الجنسية وكما يلي:

المطلب الأول
العهد الدولي الخاص بالحقوق
المدنية والسياسية

حيث أشار هذا العهد في بنوده إلى حق الفرد بالتمتع بجنسيته، بحيث لا يحرم احد منها قسرا، وكذلك له الحق في تغييرها وله حق التنقل بحرية، وحرية اختيار مكان إقامته أو مغادرة بلده، ولا يجوز تقييد هذه الحقوق مالم ينص القانون على ذلك لحماية الأمن القومي أو النظام العام أو الصحة العامة أو الآداب العامة أو حقوق الآخرين أو حرياتهم وهذا ما أكدته المادة (24) من العهد بقولها (لكل طفل حق في اكتساب الجنسية).

أما المادة(12) منه فقد نصت على :

1- لكل فرد يوجد على نحو قانوني داخل إقليم دولة ما حق التنقل فيه وحرية اختيار مكان إقامته .

2- لكل فرد حرية مغادرة أي بلد بما في ذلك بلده

3- لا يجوز تقييد الحقوق المذكورة أعلاه بأية قيود غير تلك التي ينص عليها القانون وتكون ضرورية لحماية الأمن القومي أو النظام العام أو الصحة العامة أو الآداب العامة أو حقوق الآخرين أو حرياتهم، وتكون متمشية مع الحقوق الأخرى المعترف بها في هذا العهد.

4- لا يجوز حرمان احد تعسفا من حق الدخول إلى بلده.

المطلب الثاني
الإعلان العالمي لحقوق الإنسان

أشار الإعلان العالمي لحقوق الإنسان أيضا إلى حق التمتع بالجنسية وعدم حرمان أي شخص من جنسيته أو حرمانه من تغييرها وكذلك له حق التنقل واختيار محل إقامته وحق مغادرته أو العود ة إلى بلده وذلك في المادتين (13و15) منه حيث نصت المادة (13) على انه:

1- لكل فرد حق التمتع بجنسية ما.

2- لا يجوز تعسفا حرمان أي شخص من جنسيته ولا من حقه في تغيير جنسيته.

المطلب الثالث
العهد الدولي الخاص
بالقضاء على جميع أشكال التمييز العرقي

دعـى العهـد الـدولي الخـاص بالقضـاء عـلى جميـع أشـكال التمييز العرقي إلى إنهاء التمييز العرقي بجميـع أشـكاله وعـلى الحق بالمساواة أمام القانون في التمتع بالحق بالجنسـية وذلك في المادة (5) من العهد.

المطلب الرابع
اتفاقية القضاء على جميع أشكال التمييز
ضد المرأة

حيث منحت هذه الاتفاقية المرأة حقا متساويا مع الرجل فيما يتعلق بجنسية أطفالهما وفي اكتساب الجنسية أو تغييرها أو الاحتفاظ بها وكذلك تضمن هذه الاتفاقية عدم تغيير جنسية الزوجة تلقائيا عند زواجها من أجنبي أو أن تصبح بلا جنسية أو أن تصبح بلا جنسية أو أن تفرض عليها جنسية زوجها وذلك في الفقرة الأولى من المادة (9) من الاتفاقية.

المبحث الثالث
موقف التشريعات الداخلية
من الحق في الجنسية

تشريعات الجنسية في البلاد العربية - باستثناء تونس حديثه العهد نسبيًا بالمقارنة مع التشريعات الغربية. يرجع ظهور بعضها إلى ما بعد الحرب العالمية الأولى حيث تم الانتقال من الجنسية العثمانية إلى الجنسية السورية واللبنانية والفلسطينية والأردنية والعراقية، والآخر إلى ما بعد الحرب العالمية الثانية. ويرتبط أساسًا بحركة التحرر من الاستعمار وأشكال التبعية السياسية المختلفة. وكانت حين ظهورها نتاجًا طبيعيًا للواقع السائد بمختلف الاعتبارات الاجتماعية والاقتصادية والدينية والتقاليد الموروثة المهيمنة، ولاسيما في الدول التي قننت جنسيتها في غياب المواثيق الدولية وقبل قيام منظمة الأمم المتحدة.

ولابد من الاعتراف بأن الانتقال بالجنسية، كانتماء ديني وسياسي إلى الجنسية كمفهوم قانوني وسياسي، أي كانتماء سياسي إلى دولة معينة ينظمه المشرع بقواعد وضعية، كان صعبًا بعض الشيء في بداية الطريق. ولكن مع تطور الأفكار والأوضاع ومع تقدم المجتمع الدولي وتطور التنظيم الدولي تعمق المفهوم القانوني والسياسي للجنسية في التشريعات العربية. وحصل تقدم دولي كبير في مجال احترام حقوق

الإنسان والحريات الأساسية دون تمييز على أساس الجنس احترامًا لمبدأ المساواة بين المرأة والرجل[1].

إن قانون الجنسية العراقي الجديد رقم (26) لسنة 2006 يحاول عدم حرمان أحد من جنسيته أو إسقاطها عنه ويسمح بتعدد الجنسية للعراقي وفي حصوله على أكثر من جنسية.

وقد منح قانون الجنسية لعام 2006 السلطة لوزير الداخلية في القرارات المتعلقة بمنح الجنسية أو سحبها وهذا ما أشارت إليه المادة الأولى منه وللوزير إصدار التعليمات لتسهيل تنفيذ القانون وذلك في المادة (22) منه.

تملك المحاكم الإدارية سلطة النظر في الاعتراضات على قرارات وزير الداخلية أو على القانون وهذا ما أشارت إليه المادة 19) من قانون الجنسية رقم 26 لعام 2006 بقولها (تختص المحاكم الإدارية في الدعاوى الناشئة عن تطبيق أحكام هذا القانون). وبهذا وفقا لهذا النص فإنه أصبح من اختصاص المحاكم الإدارية النظر في قضايا الجنسية خلافاً لما معمول به سابقاً حيث كانت الاعتراضات على قرارات وزير الداخلية من اختصاص رئيس الجمهورية، وفقا لقرار مجلس قيادة الثورة المنحل.

---

(1) د.فؤاد ديب : المرأة والجنسية والمساواة ،مجلة جامعة دمشق للعلوم الاقتصادية والقانونية - المجلد 24، العدد الأول، 2008. ص384.

تمنح الجنسية العراقية وفقا للتشريع الجديد لمن كان أحد أبويه عراقيين (أب عراقي أو أم عراقية). وذلك في المادة 18 من الدستور العراقي الدائم لعام 2005، حيث جاءت هذه الحقوق أيضاً في قانون الجنسية الجديد لعام 2006، كما أنه يمنح الجنسية العراقية للمولودين في العراق من أبوين غير معروفين وقد أشار إلى ذلك في المادة 3 منه، وهذه المادة تعد امتثال للمعايير الدولية حيث إنها تتوافق مع الفقرة الثانية من المادة التاسعة من اتفاقية سيداو.

أما المادة الرابعة من هذا القانون فإنها لا تتفق والمعايير الدولية فإنها تمنح وزير الداخلية حرية التصرف بجنسية الأطفال المولدين خارج العراق لام عراقية وتجعل جنسية الطفل موقوفة على إقامته في العراق.

وتسير بنفس الاتجاه المادة (5) بمخالفتها للمعايير الدولية وذلك بتمييزها بين الرجل والمرأة حيث إنها تمنح الجنسية للأطفال المولدين داخل العراق لأمهات غير عراقيات، حيث تربط جنسية الطفل بوضع الأب فقط وليس بوضع الأم.

أما المادة السادسة والسابعة من القانون الجديد فإنها منحت زوجة الرجل العراقي وزوجة المرأة العراقية الجنسية إلا إنها وضعت شروطا إضافية بالنسبة للزوج الأجنبي حيث إن منح الجنسية له تكون من اختصاص وزير الداخلية بينما منح الجنسية للمرأة الأجنبية المتزوجة من عراقي يخضع لثلاث شروط فقط، ويكون منح الجنسية حق يعود لها عند توفر هذه الشروط وهذا ما أشارت إليه المادة (11) من القانون.

أشارت المادة (10) من قانون الجنسية في الفقرة الثالثة منه إلى شروط استرداد الجنسية العراقية بعد أن تخلت عنه وهو أن يقدم طلب بذلك وان يكون مقيما في العراق مدة لا تقل عن سنة .

في حين تنفرد المادة (13) منه بذكر شروط استرداد الجنسية العراقية بالنسبة للمرأة العراقية التي تخلت عن جنسيتها وهي إذا منح زوجها غير العراقي الجنسية أو إذا تزوجت من شخص يتمتع بالجنسية العراقية أو إذا توفي عنها زوجها أو طلقها أو فسخ عقد الزواج، وأن تقدم طلبا باستردادها أثناء تواجدها في العراق ويتضح من نص المادة (13) بأن المشرع لم يشترط مدة محددة لإقامتها في العراق بعكس المادة (10) التي حددت مدة الإقامة بسنة واحدة

أما المادة (12) منه فإنها نصت على احتفاظ المرأة العراقية المتزوجة من أجنبي بجنسيتها وإن اكتسبت جنسية زوجها إلا إذا تخلت عنها تحريريا.

أما بالنسبة لحق الملكية والمتعلق بالجنسية فإنه يحدد مصيره قرارات مجلس قيادة الثورة المنحل والتي لا تزال نافذة إلى يومنا هذا.

بمعنى أنه لا يحق للمرأة العراقية المتزوجة من أجنبي نقل ملكية أموالها الخاصة إلى زوجها وفقاً لقرار مجلس قيادة الثورة المنحل.

ولم يقتصر التقييد على ذلك، بل أنه لا يمكن للمرأة العراقية المتزوجة من أجنبي التعامل مع ممتلكاتها عندما تكون خارج العراق، وتكون السلطة على هذه الممتلكات من اختصاص الدولة وفقاً لقرار مجلس قيادة الثورة المنحل.

إن سريان هـذه القـرارات في الوقـت الحـاضر يكـون مخالفـا ومتناقضا مع ما جاء في الدستور النافذ لعـام 2005 في المـادة 23 منه والتي تجعل الملكية الخاصة مصانة ويحـق للمالك الانتفـاع بها واستغلالها والتصرف بها في حدود القـانون، كـما أنه لا يجـوز نزع الملكية إلا للمنفعة العامة ومقابل تعويض عادل.

ولم تقتصر هذه القرارات على التقييد على حق الملكيـة وإنما أيضا على حرية الحركة وخلافا لما جاء في الدستور النافذ في المـادة (44) منه والتـي أعطـت للعراقي حريـة السـفر والسـكن داخـل العراق وخارجه ولا يجوز نفي العراقي أو إبعاده أو حرمانـه مـن العودة إلى الوطن.

إلا إنه بموجب قرارات مجلس قيـادة الثـورة المنحـل فانـه لا يجوز للمرأة السفر بدون موافقة وليها، ولا يمكنها السـفر بـدون محرم.

يتضح من خلال بحثنا لقانون الجنسية الجديد لعـام 2006 بأنه يخضع في بعض نصوصه للمعايير الدولية بأن جعل حقوقا متساوية للرجل والمرأة في الحصول على جنسيتهما أو واطنتهما وكذلك بالنسبة إلى تقرير جنسية أولادهم إلا أن بعض نصوصه أبقـت عـلى التمييـز حيـث تضع شروطا معينـة عـلى الأطفـال المولدين خارج العراق من أم عراقية حيث يمنح وزير الداخليـة سـلطة البـت في مصـير جنسـيتهم بينـما لا يشـترط ذلـك عـلى الأطفال المولدين خارج العراق من أب عراقي.

مستلزمات مبدأ المساواة بين الرجل والمرأة في مجال الجنسية:

إن السياسة التشريعية في تنظيم الجنسية الوطنية، تتطلب، فيما يتعلق بالجنسية والمرأة ومبدأ المساواة بينهما، اعتماد مفهومين أساسيين لذلك هما:

أ- مفهوم أو مبدأ حق الدم بمضمونه المطلق أو الثنائي الجانب.

ب- مفهوم أو مبدأ استقلالية الجنسية في العائلة

أ- حق الدم بمضمونه المطلق أو الثنائي الجانب:

المقصود بحق الدم، رابطة الدم أو النسب العائلي أو البنوة أو الأصل العائلي، وكلها مترادفات لمعنى واحد ومدلول محدد، وهو رابطة النسب بين المولود وبين أحد أبويه كواحد من أسباب منح جنسية، (دولة الأب أو الأم الوطنية لهذا المولود) وبموجبه يكتسب المولود لأب وطني أو لأم وطنية الجنسية الوطنية بغض النظر عن جنسية الزوج الأجنبي، وعن مكان ولادة الطفل.

ويقوم حق الدم لجهة الأب، في المفهوم التقليدي له، على اعتبارات وطنية واجتماعية وسياسية وأمنية تتصل بالمصالح الوطنية والاجتماعية، وبفكرة الجماعة والتلاحم الوطني عبر عوامل التجانس السكاني، بحيث يكون الفرد المنحدر منها عضوًا طبيعيًا في الجماعة، يدين بالولاء والإخلاص لها (بحكم الوراثة والتربية والتقاليد)

وهذه الاعتبارات تشكل بالنسبة إلى الدول الذي تأخذ بحق الدم لجهة الأب دون الإقليم صمام أمان لها يحول دون دخول الأجانب المولودين

على إقليمها ضمن صفوف مواطنيها. كما تسمح لها من جهة أخرى بالمحافظة على ارتباط أبنائها المهاجرين منهم بالوطن، وتعزيز نفوذها السياسي والاقتصادي في الخارج من خلالهم.

وقد اختلفت الدول الحديثة في التعامل مع ضابط البنوة أو النسب فيما يخص تحديد النسب الذي يعتد به لنقل الجنسية إلى المولود. هل المقصود به النسب لجهة الأب دون الأم ..... ؟ أم العبرة بالنسب إلى كل منهما معًا؟ أي للأبوين الوطنيين، أم لأي منهما سواء أكان الأب أم الأم؟ من الناحية التاريخية ووفق المنهج التقليدي نجد أن كثيرًا من الدول قد أخذت، من حيث المبدأ، بحق الدم لجهة الأب، أي النسب لجهة الأب في بناء جنسيتها، على أن يكون مصدر النسب هو زواج شرعي بين الوالدين. وأخذت في الوقت ذاته، ولكن على سبيل الاستثناء، بالنسب لجهة الأم. وذلك لتلافي حالات انعدام الجنسية بالنسبة إلى فئات محددة من الأشخاص، مثل حالة الولد غير الشرعي وحالة الولد الشرعي لأب عديم الجنسية أو مجهولها. وهذا ما أخذت به معظم تشريعات[1] الجنسية في البلاد العربية، مع تقييده أحيانًا بشروط محددة كالولادة على الإقليم الوطني بالنسبة إلى فئات محددة من (الأشخاص). وهذا يؤدي إلى تلازم حق الدم لجهة الأم مع حق الإقليم) غير أن هذا التوجه في توظيف حق الدم في بناء الجنسية ظهر شكً لا صارخًا من أشكال التمييز بين حقوق المرأة وحقوق الرجل في مجال الجنسية،

---

(1)   فؤاد ديب: المرأة والجنسية والمساواة، المصدر السابق، ص389.

ولاسيما بعد تطور الأفكار والأوضاع الدولية والاجتماعية والثقافية والاقتصادية وتزايد دور المرأة في المجتمع واتساع نشاطها. وبعد أن تم تأكيد مبدأ عدم التمييز في الجنسية في المواثيق الدولية المشار إليها سابقاً، ولاسيما منها اتفاقية القضاء، على جميع أشكال التمييز ضد المرأة التي أقرتها الجمعية العامة للأمم المتحدة أواخر عام 1979 والتي أوجبت على الدول الأطراف فيها، وفي الفقرة الثانية من المادة 9 منها:

"منح المرأة حقًا مساويًا لحق الرجل فيما يتعلق بجنسية أطفالها". ووجدت الدول الأطراف نفسها أمام ضرورة دولية في احترام هذا المبدأ. فجعلته بعضها واحدًا من مبادئها الدستورية.

ولجأ بعضها الآخر إلى تعديل قانون جنسيته الوطنية لإقرار هذا المبدأ، ولكن بأشكال وطرائق مختلفة، مطلقة أو مقيدة، أي إقرار حق المرأة الوطنية المتزوجة من أجنبي في نقل جنسيتها إلى أطفالها إلى جانب حق الأب الوطني في نقل جنسيته إليهم.

وجعل بعضها حق الدم لجهة الأم مكملا أو بديلا لحق الدم لجهة الأب في حالات محددة، ولاسيما إذا كان هذا الحق غير مفيد في ثبوت جنسية الأولاد، وذلك عندما يولد الفرد لأب ينتمي لدولة تؤسس جنسيتها على حق الإقليم، أي على أساس ولادته على إقليمها الوطني، ويولد هذا الفرد في دولة أخرى لا تأخذ بحق الإقليم مثلا.

وعمدت دول أخرى إلى تقييد حق الدم لجهة الأم بشرط أن يكون المولود مولودًا في إقليم دولة الأم ولو كان للأب جنسية تنتقل إلى الابن أيضًا.

ومن أشكال الأخذ بحق الدم لجهة الأم في بناء الجنسية لـدى بعـض الـدول اعـتماد وحـدة الجنسـية الوطنيـة لـدى الأب والأم. وعلى أساسها لا يكتسب المولود جنسية الدولة إلا إذا كان منتسبًا لأبوين وطنيين في الوقت ذاتـه. ويترتـب عـلى ذلـك تعطيـل دور الـزواج المخـتلط في مـنح الجنسـية لـلأولاد المنحـدرين مـن هـذا الزواج.

وهكذا نلاحظ تطورًا ملحوظًا باتجاه توسيع مفهوم حق الـدم في بنـاء الجنسـية تأسيسًـا عـلى قـيم المجتمـع الـدولي المتعلقـة بالمساواة بين المرأة والرجل وعلى حساب الاعتبـارات التقليديـة في التلاحم الوطني والتجانس السكاني.

ب- استقلالية الجنسية في العائلة واحترام إرادة الزوجة:

يعد الزواج في كثير من دول العالم سببًا مـن أسـباب اكتسـاب الجنسـية اللاحقـة، وترتـب الـدول عـلى الـزواج المخـتلط أثـرًا في جنسية الزوجة. فتكتسب المرأة الأجنبية التي تتـزوج مـن وطنـي جنسية زوجها، عملا بما يعرف: بمبدأ وحدة الجنسية في الأسرة.

ويقـوم هـذا المبـدأ عـلى اعتبـارات مستمدة مـن مفهـوم الأسرة الأبوية التي يؤدي فيها الزوج دورًا أساسيًا ومهمًا يجعل منه فعـلا رب الأسرة وممثلها الوحيد، بحيث تظل المرأة تابعًا له حتى في جنسيته.

وباستعراض بعض تشريعات الجنسية، نجد أن الدول قد تعاملت مع مبدأ وحدة الجنسية بأشكال مختلفة. فبعضها رتب على زواج الأجنبية من وطنـي دخولهـا حكـمًا في جنسـيته، بغـض النظـر عـن إرادتهـا في ذلـك،

وبعضها الآخر علّق دخولها في جنسية زوجها على مرور فترة زمنية معينة على زواجها، أو على استمرار الزوجية، أو على إبداء رغبتها بذلك عند الزواج أو بعده، أو على إعلان رغبتها بالتخلي عن جنسيتها السابقة أو على إقامتها في دولة الزوج ... الخ .

غير أن هذه التوجهات التشريعية القائمة على مفهوم وحدة الجنسية في العائلة تعرضت حديثًا لانتقادات شديدة، كونها تتجاهل الاعتراف للمرأة، في معرض تنظيم الجنسية، بشخصية مستقلة عن زوجها وبشخصية كاملة غير مقيدة، ولأنها تخالف أوضاع المرأة ومتطلبات تطوير دورها الأسري والاجتماعي والاقتصادي والتربوي، كما تخالف المثل العليا للمجتمع الإنساني والأفكار والقيم ومبادئ القانون الدولي.

ولهذا كان لابد من التصدي لهذه الأوضاع التشريعية والنفسية والاجتماعية والفكرية. وكان لابد من إدانتها والعمل على تجاوزها. وهذا ما حصل بداية على صعيد المجتمعات الوطنية التي شهدت تطورًا تشريعيًا مهمًا تجلى بالانتقال من مبدأ وحدة الجنسية في العائلة إلى مبدأ استقلاليتها في تنظيم الجنسية عند قيام الزواج المختلط. ومعنى ذلك استبعاد أي دور للزواج المختلط في التأثير في جنسية الزوجة اكتسابًا أو فقدانا، واحترام إرادة الزوجة في ذلك.

ثم ظهر هذا المبدأ على الصعيد الدولي واضحًا في اتفاقية القضاء على جميع أشكال التمييز ضد المرأة، التي تبنته وأدخلته ضمن أحكامها الأساسية، وألزمت الدول باحترامه. فقد أوجبت الفقرة 1 من المادة 9 منها على الدول الأطراف: أن تنمح "المرأة حقًا مساويًا لحق الرجل في

اكتساب جنسيتها أو الاحتفاظ بها أو تغييرها" وأن "تضمن بوجه خاص ألا يترتب على الزواج من أجنبي أو تغيير جنسية الزوج أثناء الزواج، أن تتغير تلقائيًا جنسية الزوجة، أو أن تصبح بلا جنسية أو أن تفرض عليها جنسية الزوج".

بعد هذا المنعطف الفكري والقانوني كان على الدول الأطراف أن تتخلى عن تطبيقات مبدأ وحدة الجنسية وعن جميع آثاره المخالفة لمبدأ استقلاليتها في العائلة. وأن تعمل من ثم على تأمين متطلبات هذا المبدأ، ولاسيما منها احترام حق المرأة، على قدم المساواة مع الرجل، في اكتسابها جنسيتها أو تغييرها أو التخلي عنها باحترام إرادتها المستقلة.

ولكن كما اختلفت الدول في التعامل مع مبدأ وحدة الجنسية في العائلة، اختلفت أيضًا في تطبيقات مبدأ استقلاليتها، كما هو الحال لدى معظم الدول العربية التي شهدت تحولا واضحًا من وحدة الجنسية إلى استقلاليتها في العائلة.

ج- محاذير العمل بالمفهومين السابقين:

ومما لابد من الإشارة إليه، بعد هذا العرض النظري والفكري لهذين المفهومين وبيان أهميتهما في المجتمع الدولي، هو محاذير إعمالهما على الصعيد العملي وآثارهما السلبية في مصالح الأفراد والدول.

فمن محاذير إعمال حق الدم لجهة الأم الوقوع في حالة ازدواج الجنسية أو تعددها. فغالبًا ما يؤدي العمل بحق الدم لجهة الأم إلى

ازدواج جنسية ولدها المولود منها لأب أجنبي. كما في حالة المولود لأم وطنية متزوجة من أجنبي. إذ يكتسب هذا المولود جنسية الأم كما يكتسب جنسية الأب، إذا كانت دولة الأب الأجنبي تأخذ بحق الدم لجهة الأب. وقد يكتسب جنسية دولة ثالثة إذا ولد في دولة ثالثة تأخذ بحق الإقليم، فنكون في هذه الحالة أمام شخص يحمل عدة جنسيات في وقت واحد. الأمر الذي لا يتماشى مع مصلحة الفرد في أداء التزاماته تجاه الدول التي تثبت له جنسيتها، ولا مع مصالح الدول المتضاربة في هذه الحالة لجهة ممارستها لواجباتها في حمايتها لرعاياها.

ومن محاذير إعمال مبدأ استقلالية الجنسية في العائلة واختلاف جنسية الزوجين الإضرار بمصالح العائلة واستقرارها ولاسيما في حال اضطراب العلاقات السياسية بين دولة الزوج ودولة الزوجة. وقد يؤدي إلى إمكانية وقوع الزوجة في حالة انعدام الجنسية، إذا كانت دولتها ترتب على زواجها من أجنبي فقدانها لجنسيتها الوطنية بمجرد زواجها منه، فيما لو لم تتمكن من اكتساب جنسية هذا الزواج مباشرة عند الزواج أو بعده.

فضلاً عن محاذير أخرى مختلفة ومتعددة تنجم عادة عن اختلاف تشريعات الدول في تنظيم العمل بحق الدم لجهة الأم أو في تنظيم مبدأ استقلالية الجنسية في العائلة.

ولهذا تعمل الدول على تلافي هذه المحاذير في صلب تشريعاتها عن طريق إقرار بعض التدابير التشريعية ومنها مثلا، منح المولود لأم

وطنية تثبت له جنسية أبيه الأجنبي إلى جانب جنسية الأم، حق التخلي عنها (جنسية الأم) عند بلوغه سن الرشد أو خلال فترة محددة من بلوغها...إلخ.

وتعليق فقدان المرأة المتزوجة لجنسيتها الوطنية على دخولها في جنسية زوجها، أو على إعلان رغبتها بالتخلي عنها. فضلا عما ما تقدم تحاول الدول أيضًا إحاطة تنظيم هذه الأمور بضوابط وقيود محددة تخدم مصالحها الوطنية والنظام العام فيها.

المبحث الرابع
التجريد من الجنسية

يقصد بالتجريد نزع جنسية الدولة عمـن يحملها أو يتمتـع بها ويكون ذلك إمـا بسـحبها أو إسـقاطها عنـه جبراً عـلى سـبيل العقوبة. لذلك نوضح هذين المفهومين في فرعين مستقلين.

المطلب الأول
التجريد بسحب الجنسية

التجريد بسحب الجنسية ممن اكتسبها:- قد يقرر التشريع سحب الجنسية من الشخص الأجنبي الذي اكتسبها بالتجنس أو بالزواج إذا اكتسبها بناءا على بيان كاذب أو عن طريق التدليس. أو عدم ولائه للدولة التي يحمل جنسيتها وهذه هي الحال في العديد من دول العالم [1].

ويكون تجريد الفرد من جنسيته التي اكتسبها حديثا اكتسابا طارئا عن طريق التجنس العادي أو ما يدخل في حكمه وذلك عن طريق قرار يصدره وزير الداخلية يقرر فيه سحب الجنسية عن الشخص قبل انتهاء فترة التجربة أو كما يطلق عليها بعض الكتاب فترة الريبة والتي تحددها معظم التشريعات بخمس سنوات لاحقة على تاريخ اكتساب الجنسية الطارئة. ويعتبر سحب الجنسية في هذه الحالة رجوعاً من الدولة في قرار منح جنسيتها إلى فرد معين. ولا يجوز السحب إلا في الحالات المعينة التي ينص عليها القانون على سبيل الحصر [2].

---

(1)   مجلة الموسوعة العربية : مصدر سابق.
(2)   د.جابر إبراهيم الراوي: القانون الدولي الخاص في الجنسية، بغداد -1977، ص167.

المطلب الثاني
التجريد بإسقاط الجنسية

يتم التجريد بإسقاط الجنسية عن رعايا الدولة بشكل خاص عندما يرتكب الفرد جرما خطيرا يدل على عدم ولائه لدولته. وتختلف أسباب التجريد بالإسقاط باختلاف التشريعات المنظمة للجنسية، ومن أهم هذه الأسباب ارتكاب جريمة ضد امن الدولة أو العمل لصالح دولة معادية وهذه الحالة في معظم التشريعات العربية[1].

وتختلف أحكام وأسباب سحب الجنسية عن أحكام وأسباب إسقاط الجنسية من حيث الأشخاص والشروط فسحب الجنسية يتم في حالات منصوص عليها في القانون على سبيل الحصر. بينما إسقاط الجنسية يشمل نزع الجنسية عن الوطني في الحالات المنصوص عليها في القانون وحالات أخرى غير منصوص عليها. وإنما يصدر بها قانون أو قرار تشريعي خاص.وهذا متبع في مختلف التشريعات[2].

---

(1) مجلة الموسوعة العربية, المجلد السابع. مصدر سابق. وكذلك حامد مصطفى: القانون الدولي الخاص العراقي، مطبعة المعارف – بغداد، 1950، ص144.

(2) الدكتور فؤاد عبد المنعم رياض: الجنسية في التشريعات العربية المقارنة,الجزء الأول ,جامعة الدول العربية, القاهرة, 1975, ص 57.

المطلب الثالث
موقف القانون العراقي القديم
والقانون العراقي الجديد
من التجريد

نتطرق في هذا المبحث إلى موقف قانون الجنسية العراقية القديم رقم 43 لسنة 1963. وقانون الجنسية العراقية الجديد رقم 26 لسنة 2006. من تجريد المواطن العراقي من جنسيته العراقية في مطلبين وكما يلي:

الفرع الأول
موقف القانون العراقي القديم من التجريد

لم يفرق قانون الجنسية العراقي رقم 43 لسنة 1963 بين سحب الجنسية وإسقاطها، واعتبرهما شيئا واحدا فقد جعل الجنسية الأصلية قابلة للسحب في جميع الأحوال التي نصت عليها المادتين التاسعة عشرة والعشرون من ذلك القانون.

حيث نصت المادة التاسعة عشرة على انه «للوزير سحب الجنسية العراقية عن الأجنبي الذي اكتسبها إذا قام أو حاول القيام بعمل يعد خطرا على امن الدولة وسلامتها».

كما نصت المادة العشرون فقرة (1) على أنه «للوزير سحب الجنسية العراقية عن العراقي إذا قبل دخول الخدمة العسكرية لإحدى الدول الأجنبية دون إذن سابق يصدر من وزير الدفاع».

أما الفقرة (3) من ذات المادة فقد نصت على أن «للوزير سحب الجنسية العراقية عن العراقي إذا قام في الخارج بصورة معتادة وانضم إلى هيئة أجنبية من أغراضها العمل على تقويض النظام الاجتماعي والاقتصادي للدولة بأية وسيلة من الوسائل».

وأضيفت حالة جديدة لفقه الجنسية العراقية بقرار من مجلس قيادة الثورة المنحل رقم 666 المتخذ بتاريخ 7\5\1980 إلى الحالات الواردة

في قانون الجنسية العراقية رقم 43 لسنة 1963 المعدل فقد نص القرار المذكور على:

1- تسقط الجنسية العراقية عن كل عراقي من اصل أجنبي إذا تبين عدم ولائه للوطن والشعب والأهداف القومية والاجتماعية العليا للثورة.

2- على وزير الداخلية أن يأمر بإبعاد كل من أسقطت عنه الجنسية العراقية بموجب الفقرة (1) مالم يقتنع بناء على أسباب كافية بان بقاءه في العراق أمر تستدعيه ضرورة قضائية أو قانونية أو حفظ حقوق الغير الموثقة رسميا.

3- يتولى وزير الداخلية تنفيذ هذا القرار.

وقد استعمل المشرع في القرار كلمة (تسقط) بدلا من كلمة (تسحب) الواردة في الحالات المذكورة في قانون الجنسية. وجعل الإسقاط وجوبيا لا جوازيا [1].

وتنص الفقرة (2) من المادة (13) من قانون الجنسية العراقية رقم 43 لسنة 1963 المعدل على انه (إذا فقد عراقي الجنسية العراقية يفقدها أيضا أولاده الصغار)).

يتضح من العرض السالف أن المشرع العراقي كان ميالا إلى الإفراط في منح وزير الداخلية سلطة واسعة في إسقاط الجنسية، فقد

---

(1)   الأستاذ الدكتور حسن محمد الهداوي والأستاذ المشارك الدكتور غالب علي الداوي: مصدر سابق، ص116.

تعددت الحالات التي يمارس فيها هذا الاختصاص دون أن ترسم حدود الحالات التي جاء بعضها بشكل واسع يتعذر معه تضييق صلاحية الوزير [1].

لذلك نرى انه كان من الأوفق والأجدر بالمشرع العراقي لو أنه أناط أمر تطبيق تجريد الجنسية العراقية من المواطن العراقي إلى سلطة قضائية مختصة لكي لا تكون السلطة السياسية هي الخصم وفي نفس الوقت هي من يفصل في النزاع.

ولم يقف المشرع عند هذا الحد بل منع المحاكم من النظر في مثل هذه الدعاوى إذا ما تم الاعتراض أمامها على قرار الوزير [2] بسحب أو إسقاط الجنسية وجعل الاعتراض على قرارات وزير الداخلية لدى رئيس الجمهورية وهذا من شأنه أن يجعل القرارات الصادرة في هذه الأحوال سياسية بحته أكثر مما هي مجرد عقوبة تفرض على من يخالف القانون.

❧〜∞∞〜❧

---

(1) الدكتور حسن الهداوي: الجنسية ومركز الأجانب وأحكامهما في القانون العراقي، جامعة بغداد - بغداد، ط4، ص209.

(2) قرار مجلس قيادة الثورة المنحل رقم 413 تاريخ 15\4\1975 الوقائع العراقية عدد 2461 في 24\4\1975.

الفرع الثاني
موقف القانون العراقي الجديد
من التجريد

نحا قانون الجنسية العراقية الجديد رقم 26 لسنة 2006 منحى بعض الدول التي لا تقبل تجريد الوطني من جنسيته بخلاف إرادته على سبيل العقوبة بتاتا كما هو الحال في فنلندا والدنمارك والسويد واليابان وانكلترا[1].

فلم يتطرق قانون الجنسية العراقية الجديد إلى سحب الجنسية إلا في المادة (15) والتي تنص على «للوزير سحب الجنسية العراقية من غير العراقي التي اكتسبها إذا ثبت قيامه أو حاول القيام بعمل يعد خطر على امن الدولة وسلامتها. أو قدم معلومات خاطئة عنه أو عن عائلته عند تقديم الطلب اثر صدور حكم قضائي بحقه مكتسب لدرجة البتات»[2].

مما سبق يتضح لنا أن المشرع العراقي كان موفقا في صياغته للمادة (15) من قانون الجنسية العراقية الجديد من خلال حصر حالة سحب الجنسية من غير العراقي التي اكتسبها بوجوب صدور حكم قضائي مكتسب لدرجة البتات، وهذا من شانه أن يجعل سحب الجنسية بعيدا عن النفوذ السياسي والمشاكل السياسية .

---

(1) الأستاذ الدكتور حسن محمد الهداوي والأستاذ المشارك الدكتور غالب علي الدواي.القانون الدولي الخاص, مصدر سابق.

(2) متن قانون الجنسية العراقية رقم 26 لسنة 2006.

إلا إن المشرع لم يكن موفقاً بإغفاله المادة (20) فقرة (1) من قانون الجنسية العراقية السابق[1]. فعلى الرغم من أن المادة (15) جاءت شاملة ومطلقة إلا إنها لم تقيد العراقي في الخارج من عدم التعامل مع الجهات الأجنبية سواء العسكرية منها والمدنية فكان حرياً بالمشرع العراقي الالتفات إلى هذه المسالة لكونها تؤدي إلى الضرر المباشر على امن العراق وتؤثر على سمعته بالخارج . ونقترح أن يكون نص المادة (15) من قانون الجنسية العراقية الجديد ذي الرقم 26 لسنة 2006 بالشكل التالي «للوزير سحب الجنسية العراقية من العراقي ، إذا ثبت قيامه أو حاول القيام بعمل يعد خطرا على امن الدولة وسلامتها بشكل مباشر أو غير مباشر ، أو قدم معلومات خاطئة عنه أو عن عائلته عند تقديم الطلب اثر صدور حكم قضائي بحقه مكتسب لدرجة البتات».

فتسألنا هنا كيف يحتفظ بالجنسية العراقية من انضم إلى جيش دولة أجنبية أو تآمر في الخارج على العراق أو أساء إلى سمعته أو عمل لمصلحة دولة أو حكومة أجنبية أو جهة معادية في الخارج، وان المشرع في هذه الحالة لم يأخذ بنظر الاعتبار بأن الجنسية رابطة قانونية وسياسية بين الشخص والدولة تترتب عليها حقوق والتزامات متبادلة.

(1) المادة (20) فقرة (1) من قانون الجنسية العراقية القديم رقم 43 لسنة 1963 «للوزير سحب الجنسية العراقية عن العراقي إذا قبل دخول الخدمة العسكرية لإحدى الدول الأجنبية دون إذن سابق يصدر من وزير الدفاع».

لـذا فأنـنـا نـرى انـه قـد يكـون مـن الأفضـل لـو أن المشـرع لم يحذف المادة (20) بفقراتها الثلاثة التي وردت في قانون الجنسية العراقيـة السـابق أي الـنص عليهـا في قـانون الجنسية العراقيـة الجديد (النافذ) ذي الرقم 26 لسنة 2006 لكونها تستند إلى أسس صحيحة وواقعية بعيدة كل البعد عن التفريط بالثوابت الوطنية المشروعة والتي تهدف إلى حماية الدولة وعدم المساس بمصالحها الداخلية والخارجية.

المطلب الرابع
واقع التجريد من الجنسية

تجرد الدولة الشخص المتمتع بجنسيتها بخلاف إرادته على سبيل العقوبة بالسحب أو بالإسقاط عادة بسبب قيامه بعمل معين يجعله غير جدير بالاحتفاظ بها، كتقديم الولاء لدولة أخرى أو ارتكاب جريمة مخلة بأمن الدولة الداخلي أو الخارجي [1]. فمثلا تم نزع الجنسية عن عدد هائل من الروس والألمان والطليان أثناء الحرب العالمية الثانية بسبب إقامتهم الطويلة في الخارج وعدم تقديمهم الولاء والإخلاص لدولهم.

كما نجد أن القانون الفرنسي ينص على إسقاط الجنسية عن كل فرنسي يقيم في الخارج أكثر من خمسين سنه. وتأخذ قوانين الدول الأخرى بمبدأ سحب الجنسية من الوطني لأسباب مختلفة واغلبها أسباب سياسية . ففي العراق قامت السلطة الحاكمة للنظام السابق بموجب قرار مجلس قيادة الثورة المنحل رقم 666 لسنة 1980 بتجريد المواطنين من الكرد الفيلين من جنسيتهم العراقية [2] وتم اقتيادهم إلى الحدود الإيرانية قسراً معتبرتهم من رعايا الدولة الإيرانية التي بدورها أنكرت تابعيتهم وانتسابهم لها وأبقتهم دون جنسية، وحتى أن السلطات العراقية لم تمكنهم

---

(1) الأستاذ الدكتور حسن محمد الهداوي والأستاذ الدكتور غالب علي الداوي, القانون الدولي الخاص , مصدر سابق.

(2) زهير كاظم عبود: حالة انعدام الجنسية , الحوار المتمدن – العدد 902 -22\7\2004. انظر في ذلك الموقع الكتروني www.ahewar.org

من الاستفادة من أموالهم المنقولة على الأقل بل سيطرت عليها دون صدور قرار قضائي ودون وجه حق، علما أن العراق من بين الدول الموقعة على الإعلان العالمي لحقوق الإنسان الذي أكدت المادة 15 منه على مبدأ ((لا يجوز تجريد شخص من جنسيته)).

وقد اختلف موقف تشريعات الدول العربية من حيث تطبيق جزئيات التجريد من الجنسية. فهناك من شدد على فقد الجنسية كعقوبة فحدد أفعالا تأتي بفقدان الجنسية كجمهورية مصر العربية فقد انفردت في اعتبار الاتصاف بالصهيونية احد أسباب فقد الجنسية[1] دون غيرها من الدول العربية.

في حين سوريا لجأت السلطات السورية في عام 1962 إلى تجريد حوالي 120 ألفا من المواطنين الكرد الجنسية السورية وأطلقت عليهم تسمية (الأجانب)[2] بموجب المرسوم الجمهوري المرقم 93 لسنة 1962.

كما أصبحت مشكلة البدون في الكويت ذات صدى معلوم، وهم من أبناء البادية الرحل من قبائل شمال الجزيرة العربية يضاف إليهم أعداد من النازحين من الشاطئ الشرقي للخليج من عرب وعجم بلاد إيران.

(1) انظر الموقع الالكتروني www.startimes.com

(2) انظر الموقع الالكتروني www.efrin.net

وقد بـدأت هـذه المشكلة عـام 1959 عنـدما صـدر قـانون الجنسـية في الكويـت[1]. وبـرزت إلى السـطح بشـكل واضح بعـد استقلال الكويت عام 1961 إذ لم يعالج القـانون أمـر مـن طالـب بالجنسية الكويتية بعد هذا التاريخ إلى أن تفاقم عددهم، حيـث أصبحت هذه الفئة محرومة من ابسط حقوق العيش الكريم في الكويت فلا هوية تعريف ولا إذن بالعمل ولا حق بالتطبيب ولا التعليم ولا غيرها من الحقوق الأساسية الموثقة في الإعلان[2].

---

(1) انظر شبكة البصرة على الموقع الالكتروني http://articles.abolkhaseb.net

(2) الجمعية العامة للأمم المتحدة / مجلس حقوق الإنسان، الدورة العاشرة ،البند 2 من جـدول الأعمال، التقرير السنوي لمفوضية الأمم المتحدة السامية لحقوق الإنسان وتقارير المفوضية والأمين العام، الحرمان التعسفي من الجنسية، تقرير الأمين العام.

الخاتمة

بعد أن تطرقنا في بحثنا هذا إلى ما تضمنه قانون الجنسية في ظل التشريع الحـديث إلى حقـوق لم تكـن موجـودة في ظل التشريعات السابقة توصلنا من خلال بحثنا هذا إلى عـدة نتائج وتوصيات وكالاتي :

أولا: النتائج :

1- قانون الجنسية الجديد رقم 26 لعام 2006 ،وبخلاف قانون الجنسية لعام 1963، لا يسقط الجنسية من المرأة العراقية في حالة زواجها من أجنبي واكتسابها جنسية زوجها مالم تتخلى عن جنسيتها العراقية صراحة .

2- يسمح قانون الجنسية العراقي لعام 2006 للعراقي بالحصول على أكثر من جنسية واحدة وله الحق في تعدد الجنسية .

3- أبقى هذا القانون على بعض قرارات مجلس قيادة الثورة المنحل ومن أهمها تلك التي تتعلق بالملكية حيث لا تستطيع المرأة العراقية التي تتزوج من أجنبي أن تنقل أي ممتلكات خاصة إلى زوجها أو تتعامل مع تلك الممتلكات اثنا وجودها خارج العراق .

4- تنظيم أمور الجنسية من اختصاص وزير الداخلية بالفرض والمنح والاسترداد أو السحب أما الرقابة على تطبيق قانون الجنسية من قبل وزير الداخلية فهو من اختصاص المحاكم الإدارية .

5- تجريد الحكومة العراقية لمواطن من جنسيته لا يعد خرقاً للقوانين الدولية والأعراف القانونية فحسب بل يتعدى ذلك إلى إلحاق

الضرر به والتسبب بخلق حالة اللاجنسية وتجريده مـن جميـع الوثائق والمستمسكات التي تثبت مواطنته .

6- قد تمنح الدولة جنسيتها للشخص الذي يولد في إقليمها ويتم منح الجنسية إما بحكم القانون لـدى الـولادة أو بنـاء عـلى طلب خطي يقدم إلى السلطة المختصة مـن قبـل الشخص المعني أو بالنيابة عنه بالطريقة القانونية ووفق الشروط التي ينص عليها القانون .

7- لا يجوز تجريد شخص من جنسيته وجعله عديم الجنسية إلا إذا حصل عليها بناء على معلومات كاذبة أو بالاحتيال أو إذا تصرف الشـخص عـلى نحـو يناقـض واجبه في الـولاء للدولـة المتعاقدة أو تصرف عـلى نحـو يلحـق أذى خطير بالمصالح الحيوية للدولة وبحكم قضائي با ت.

8- يعد العراق من بين الدول التي وقعـت عـلى الإعـلان العـالمي لحقوق الإنسان أو على الاتفاقيات والعهود اللاحقة لـذلك إلا انه جرد شرائح كبيرة من ابناء المجتمع العراقي مـن الجنسية دون مراعاة للانسانية أو لأي نتائج وخيمة قد تنتج عن ذلك.

ثانيا :التوصيات

1- لابد من إلغاء قرارات مجلس قيادة الثورة المنحـل والمتعلقـة بالجنسية والتي تتعارض مـع الدستور العراقي النافذ لعـام 2005(بنصه على حق التملك وانـه لا يجوز نـزع الملكيـة)، كتلك المتعلقة بحقوق الملكية بالنسبة للمرأة المتزوجـة مـن أجنبي والتي سحبت منها الجنسية.

2- لابد للحكومة ومنظمات المجتمع المدني ووسائل الإعلام كافة من تثقيف المواطنين على القوانين الجديدة ومن ذلك قانون الجنسية الجديد لعام 2006 حيث إن هناك الكثير من المواطنين لا يدركون التغييرات التشريعية التي تحصل في البلاد ولا بالقوانين الجديدة وما ترتبه لهم من حقوق وكذا الأمر بالنسبة لدوائر الدولة الخاضعة لهذا القانون .

3- هناك قيود قانونية أمام حرية المراة بالسفر لابد من إلغاءها حيث لا يجوز للمرأة الحصول على جواز سفر بدون إذن من وليها ولا السفر من دون محرم مهما كان منصبها اومكانتها ونتساءل هنا كيف للمرأة التي تحتل منصب سياسي وتمثل مجتمع باكمله وولية عنه وتدير أموره تحتاج إلى ولي؟ لذا لابد من إلغاء هذه القيود

4- ضرورة قيام الدولة بإزالة أثار الضرر الذي لحق بالمواطنين من جراء تجريدهم من جنسياتهم بطريقة تخالف القوانين والمواثيق الدولية في هذا الصدد. كذلك تعويضها لهم عن أموالهم المنقولة وغير المنقولة التي صادرتها واستحوذت عليها السلطات في حينها وبقيمتها في وقتها وتعويضهم عما لحقهم من ضرر مادي ومعنوي طيلة فترة بقائهم ضمن حالة اللاجنسية .

5- نقترح على المشرع العراقي أن يعيد النظر في موقفه السلبي من عدم تجريد المواطن من جنسيته فلا مبرر من التخوف من هذا الموضوع طالما أنه أوكل إلى القضاء مهمة التجريد من الجنسية

العراقية، وإعادة المادة (20) بفقراتها الثلاثة في القـانون القـديم ذي الرقم 43 لسـنة 1963 وإدراجها في قـانون الجنسـية العراقيـة الجديد ذي الرقم 26 لسنة 2006

ملحق
قانون الجنسية العراقي الحديث
لعام 2006

قانون الجنسية العراقية رقم 26 لسنة 2006:

باسم الشعب

مجلس الرئاسة

بـالنظر لانتهاء المـدة القانونيـة المنصوص عليها في المـادة السـابعة والثلاثـين مـن قـانون إدارة الدولـة العراقيـة للمرحلـة الانتقالية واستناداً إلى احكام الفقرتين (أ - ب) من المادة الثالثة والثلاثين من قانون إدارة الدولة صدر القانون الآتي:

رقم (26) لسنة 2006
قانون الجنسية العراقية

المادة (1):

يقصد بالتعابير التالية لأغراض هـذا القانون المعـاني المبينـة إزاءها:

أ- **الوزير**: وزير الداخلية.

ب- **العراقي**: الشخص الذي يتمتع بالجنسية العراقية.

ج- **سن الرشد**: ثمانية عشر سنة كاملة بحساب التقويم الميلادي.

المادة (2):

يعتبر عراقي الجنسية كل من حصـل علـى الجنسية العراقيـة بموجب أحكام قـانون الجنسية العراقيـة رقم (42) لسـنة 1924 الملغى وقانون الجنسية العراقيـة رقـم (43) لسـنة 1963 وقانون مـنح الجنسيـة العراقيـة للعـرب رقـم (5) لسـنة 1975 وقـرارات مجلس قيادة الثورة المنحل (الخاصة بمنح الجنسية العراقية).

المادة (3):

يعتبر عراقياً:

أ‌- من ولد لأب عراقي أو لأم عراقية.

ب- من ولد في العراق من أبوين مجهـولين ويعتبر اللقيط الـذي يعثر عليه في العراق مولوداً فيه ما لم يقم الدليل علـى خـلاف ذلك.

المادة (4):

للوزير أن يعتبر مـن ولد خـارج العـراق مـن أم عراقيـة وأب مجهول أو لا جنسية له عراقي الجنسية إذا اختارهـا خـلال سـنة من تاريخ بلوغه سن الرشد إلا إذا حالت الظروف الصعبة دون ذلك بشرط أن يكون مقيماً في العراق وقت تقديمه طلب الحصول على الجنسية العراقية.

المادة (5)

للوزير أن يعتبر عراقياً من ولد في العراق وبلغ سن الرشد فيه مـن أب غيـر عراقـي مولـود فيه أيضاً وكـان مقيماً فيـه بصـورة معتـادة عنـد ولادة ولـده، بشرط أن يقدم الولـد طلباً بمنحـه الجنسية العراقية.

المادة (6):

أولاً: للوزير أن يقبل تجنس غير العراقي عند توافر الشروط الآتية:

أ‌- أن يكون بالغاً سن الرشد.

ب‌- دخل العراق بصورة مشروعة ومقيماً فيه عند تقديم طلب التجنس ويستثنى من ذلك المولودون في العراق والمقيمون فيه والحاصلون على دفتر الأحوال المدنية ولم يحصلوا على شهادة الجنسية.

ج‌- أقام في العراق بصورة مشروعة مدة لا تقل عن عشر سنوات متتالية سابقة على تقديم الطلب.

د‌- أن يكون حسن السلوك والسمعة ولم يحكم عليه بجناية أو جنحة مخلة بالشرف.

هـ- أن يكون له وسيلة جلية للتعيش.

و- أن يكون سالماً من الأمراض الإنتقالية.

ثانياً: لا يجوز منح الجنسية العراقية للفلسطينيين ضماناً لحق عودتهم إلى وطنهم.

ثالثاً: لا تمنح الجنسية العراقية لأغراض سياسة التوطين السكاني المخل بالتركيبة السكانية في العراق.

رابعاً: يعاد النظر في جميع قرارات منح الجنسية العراقية التي أصدرها النظام السابق لتحقيق أغراضه.

المادة (7):

للوزير أن يقبل تجنس غير العراقي المتزوج من إمرأة عراقية

الجنسية إذا توافرت فيه الشروط الـواردة في المـادة (6) مـن هـذا القانون. على أن لا تقل مـدة الإقامـة المنصوص عليها في الفقـرة (ج) من البند (أولاً) من المادة (6) من هـذا القانون عـن خمـس سنوات مع بقاء الرابطة الزوجية.

المادة (8):

على كل شخص غير عراقي يمنح الجنسية العراقيـة أن يـؤدي يمين الإخلاص للعراق أمام مدير الجنسية المختص خـلال تسعين يوماً من تاريخ تبليغه، ويعتبر الشخص عراقيـاً مـن تاريخ أدائـه اليمين الآتية:

«أقسم باللـه العظيم أن أصون العراق وسيادته، وأن ألتـزم بشروط المواطنة الصالحة وأن أتقيـد بأحكـام الدسـتور والقوانين النافذة واللـه على ما أقول شهيد».

المادة (9):

أولاً: يتمتع غير العراقي الذي يحصل عـلى الجنسية العراقيـة بطريق التجنس وفقـاً لأحكام المواد (4، 5، 6، 7، 11) مـن هـذا القانون بالحقوق التي يتمتع بها العراقي إلا مـا اسـتثني منهـا بقانون خاص.

ثانيـاً: لا يجـوز لغـير العراقي الـذي يحصـل عـلى الجنسية العراقية بطريق التجنس وفقـاً لأحكام المواد (4، 6، 7، 11) مـن هذا القانون أن يكون وزيراً أو عضواً في هيئـة برلمانيـة قبـل مضي عشر سنوات على تاريخ اكتسابه الجنسية العراقية.

ثالثاً: لا يجوز لغير العراقي الـذي يحصـل عـلى الجنسـية العراقية وفقاً لأحكام المـواد (4، 6، 7، 11) مـن هـذا القـانون أن يشغل منصب رئيس جمهورية العراق ونائبه.

رابعاً: لا يجوز للعراقي الذي يحمل جنسية أخرى مكتسبة أن يتولى منصباً سيادياً أو امنياً رفيعاً إلا إذا تخلى عن تلك الجنسية.

المادة (10):

أولاً: يحـتفظ العراقـي الـذي يكتسـب جنسـية أجنبيـة بجنسيته العراقية ما لم يعلن تحريرياً عن تخليه عن الجنسية العراقية.

ثانياً: تطبق المحاكم العراقية القانون العراقي بحق مـن يحمـل الجنسية العراقية وجنسية دولة أجنبية.

ثالثاً: للعراقي الذي تخلى عـن جنسيته العراقيـة أن يستردها إذا عاد إلى العراق بطريقة مشروعة وأقام فيه مـا لا يقل عـن سـنة واحـدة. وللـوزير أن يعتبـر بعـد انقضـائها مكتسـباً للجنسية العراقية من تاريخ عودته. وإذا قدم طلباً لاستـرداد الجنسية العراقية قبل انتهاء المدة المذكورة. ولا يستفيد مـن هذا الحق إلا مرة واحدة.

المادة (11):

للمرأة غير العراقية المتزوجة من عراقي أن تكتسب الجنسية العراقية بالشروط الآتية:

أ- تقديم طلب إلى الوزير.

ب- مضي مدة خمس سنوات على زواجها وإقامتها في العراق.

ج- استمرار قيام الرابطة الزوجية حتى تاريخ تقديم الطلب ويستثنى من ذلك من كانت مطلقة أو توفي عنها زوجها وكان لها من مطلقها أو زوجها المتوفى ولد.

المادة (12):

إذا تزوجت المرأة العراقية من غير العراقي واكتسبت جنسية زوجها فأنها لا تفقد جنسيتها العراقية ما لم تعلن تحريريا تخليها عن الجنسية العراقية.

المادة (13):

إذا تخلت المرأة العراقية عن جنسيتها العراقية وفقا لأحكام البند (ثالثا) من المادة (10) من هذا القانون، حق لها ان تسترد جنسيتها العراقية بالشروط الآتية:

أولا: إذا منح زوجها غير العراقي الجنسية العراقية، أو إذا تزوجت هي من شخص يتمتع بالجنسية العراقية وترجع إليها الجنسية من تاريخ تقديمها طلبا بذلك.

ثانيا: إذا توفي عنها زوجها أو طلقها أو فسخ عقد الزواج، ترجع إليها الجنسية من تاريخ تقديمها طلبا بذلك. على أن تكون موجودة في العراق عند تقديمها الطلب.

المادة (14):

أولا: إذا اكتسب غير العراقي الجنسية العراقية يصبح أولاده غير البالغين سن الرشد عراقيين بشرط أن يكونوا مقيمين معه في العراق.

ثانيا: إذا فقد عراقي الجنسية العراقية، يفقدها تبعا لذلك أولاده غير البالغين سن الرشد، ويجوز لهم أن يستردوا الجنسية العراقية بناء على طلبهم، إذا عادوا إلى العراق وأقاموا فيه سنة واحدة. ويعتبرون عراقيين من تاريخ عودتهم.

ولا يستفيد من حكم هذا البند أولاد العراقيين الذين زالت عنهم الجنسية العراقية بموجب أحكام القانون رقم (1) لسنة (1950) والقانون رقم (12) لسنة (1951).

المادة (15):

للوزير سحب الجنسية العراقية من غير العراقي التي اكتسبها اذا ثبت قيامه أو حاول القيام بعمل يعد خطراً على امن الدولة وسلامتها او قدم معلومات خاطئة عنه أو عن عائلته عند تقديم الطلب اثر صدور حكم قضائي بحقه مكتسب لدرجة البتات.

المادة (16):

لا يبرأ العراقي الذي تزول عنه جنسيته العراقية من الالتزامات المالية المترتبة عليه قبل زوال الجنسية العراقية.

المادة (17):

يلغى قرار مجلس قيادة الثورة (المنحل) رقم (666) لسنة 1980 وتعاد الجنسية العراقية لكل عراقي أسقطت عنه الجنسية العراقية بموجب القرار المذكور وجميع القرارات الجائرة الصادرة من مجلس قيادة الثورة (المنحل) بهذا الخصوص.

المادة (18):

أولا: لكـل عراقـي أسـقطت عنـه الجنسيـة العراقيـة لأسـباب سياسية أو عنصرية أو طائفية أن يسـتردها بتقـديم طلب بـذلك وفي حالة وفاته يحق لأولاده الذين فقدوا الجنسية العراقية تبعـا لوالـدهم أو والـدتهم أن يتقـدموا بطلـب لاسـترداد الجنسـية العراقية.

ثانيا: لا يستفيد من حكم البند (أولاً) من هذه المادة العراقي الذي زالت عنه الجنسية بموجب أحكام القانون رقم (1) لسنة 1950 والقانون رقم (12) لسنة 1951.

المادة (19):

تختص المحاكم الإدارية في الدعاوى الناشئة عن تطبيق احكام هذا القانون.

المادة (20):

يحق لكـل مـن طالبي التجنس والـوزير إضافة إلى وظيفتـه الطعـن في القـرار الصـادر مـن المحـاكم الإداريـة لـدى المحكمـة الاتحادية.

المادة (21):

أولا: يلغى قانون الجنسية العراقية رقم (43) لسنة 1963 وتبقى التعليمات الصادرة بموجبه نافذة بما لا يتعارض وأحكام هذا القانون لحين صدور ما يحل محلها أو يلغيها.

ثانيا: يلغى قانون منح الجنسية العراقية للعرب رقم (5) لسـنة 1975 وبـأثر رجعـي إلا إذا أدى ذلـك إلى حالـة انعـدام الجنسية.

ثالثا: يلغى قانون الجنسية والمعلومات المدنية رقم (46) لسنة 1990 (غير النافذ).

رابعا: يلغى كل نص يتعارض وأحكام هذا القانون.

المادة (22):

يصدر الوزير تعليمات لتسهيل تنفيذ أحكام هذا القانون.

الأسباب الموجبة:

بغية توحيد الأحكام الخاصة بالجنسية العراقية وإلغاء النصوص المتعلقة بإسقاط الجنسية العراقية عن العراقي الذي اكتسب جنسية أجنبية. ولتمكين العراقي الذي أسقطت عنه تعسفا الجنسية العراقية من استردادها وفقا للأصول. ولغرض ربط العراقي بوطنه أينما حل في بقاع العالم ودفعه إلى الانتماء إلى تربة العراق رغم حصوله على جنسية أخرى شرع هذا القانون.

لقد صـدر قـانون الجنسـية العراقيـة أعـلاه ونشـر في جريـدة الوقائع العراقية في العدد 4019 وأصبح نافذ المفعول مـن تـاريخ نشره في 2006/3/7 . عليه يتبع الآتي:

1- يتم ترويج معـاملات الحصول عـلى شـهادة الجنسـية العراقيـة اسـتنادا لأحكـام المـادة (3/آ) مـن هـذا القـانون مـن قبلكم واسـتنادا لشـهادة جنسـية (الأب أو الأم)، وذلـك بتنظـيم اسـتمارة رقم (1) للمستدعي وتدون إفـادته ووالده أو والدتـه (إذا كـان المسـتدعي يـروم الحصول عـلى الشـهادة استنادا لشهادة جنسيتها)، ويتم ربط الصلة بينهما بهويـات الأحـوال المدنية.

2- إذا كان المستدعي غير مسجل في إحصاء عـام 1957 ووالدتـه عراقية الجنسية، تدون إفـادته وإفـادة والدته وشاهدين لربط الصلة، مع تزويدنا بقيد والداته وكافة المسـجلين معهـا لعـام 1957 وترسل المعاملة لمديريتنا لغرض إصدار قـرار باعتبـاره عراقيـا بالمـادة أعـلاه بغيـة تسـجيله في سـجلات إحصاء عـام 1957 ويتم بعدها منحه الشهادة من قبلكم.

3- في حالـة عـدم حصـول الأب أو الأم عـلى شـهادة الجنسـية العراقية، يتم تدوين إفادة المستدعي وإفادة والده وشاهدين ومختار المحلة وفـق نمـوذج الإفـادة المرفق طيـا مـع تزويـدنا بصورة قيده والده ووالدته مـع كافة المستمسكات الرسمية والتي بحوزته وترسل إلى مديرية شؤون الجنسية للنظر فيها.

4- أما بصدد الفقرة (ب) من المادة (3) من هذا القانون، فتتبع الإجراءات الآتية:

أ- تدوين إفادة المستدعي لبيان محل ولادته ورعويته ومحل ولادة والده ووالداته ورعويتهما.

ب- تزويدنا بصورة قيد المستدعي لعام 1957، أما إذا كان غير مسجلا لهذا العام فيصار إلى تزويدنا بأي مستمسك رسمي يعود له أو لوالده أو لوالدته.

ج- تنظم استمارة رقم (1) للمستدعي.

د- ترسل المعاملة إلى مديرية شؤون الجنسية لإصدار القرار بها.

يبلغ المستدعي المشمول بالفقرات (3.2،4) أعلاه بجلب المستمسكات الأصلية وهي (شهادة الجنسية العراقية، هوية الأحوال المدنية، بطاقة السكن، البطاقة التموينية) عند المراجعة.

5- أما بصدد المادة (4) من هذا القانون، فتتبع الإجراءات التالية:

أ- تقديم طلب الحصول على شهادة الجنسية العراقية، ويجب أن يكون خلال سنة من تأريخ بلوغ سن الرشد.

ب- إذا كان هناك ظرف صعب حال دون تقديم المستدعي طلبا للحصول على شهادة الجنسية العراقية خلال سنة من بلوغه سن الرشد يذكر هذا الظرف في إفادته.

ح- تزويدنا بصورة قيده لعام 1957، أما إذا كان غير مسجل لهذا العام، يصار إلى تزويدنا بأي مستمسك يؤيد كونه مولود خارج العراق (بيان ولادة رسمي مصدق، جواز سفر).

د- تدوين إفادة المستدعي بشكل مفصل لبيان محل ولادته وولادة والده ورعويته ومصير والده واسم والدته وتفاصيل جنسيتها.

هـ- تدوين إفادة والدته عن ربط الصلة مع نسخة مصورة من شهادة جنسية والدته وقيدها لعام 1957 مدرج فيه كافة الشروحات.

و- تزويدنا بتفاصيل إقامته.

ز- تزويدنا بصحائف أعماله بثلاث نسخ.

ترفع المعاملة إلى مديرية شؤون الجنسية للنظر بها وفق أحكام المادة أعلاه.

6- المادة (الخامسة) من هذا القانون، تتبع الإجراءات الآتية:

أ- تقديم طلب الحصول على شهادة الجنسية العراقية معنون إلى السيد وزير الداخلية ويقدم إلى مدير الجنسية موقع من قبل صاحب الطلب.

ب- تدون إفادة المستدعي ووالده وفق نموذج الإفادة المرفق طيا.

ح- تزويدنا بصورة قيد المستدعي لعام 1957، أما إذا كان غير مسجل لهذا العام يتم تزويدنا بأي مستمسك رسمي يؤيد تأريخ ومحل ولادته مع تزويدنا بقيد والده للعام المذكور.

د- تنظم صحائف أعمال له على ثلاث نسخ.

هـ- ترسل المعاملة إلى مديرية شؤون الجنسية بكتاب رسمي.

7- المـادة (السادسـة) الفقـرة (أولاً) مـن هـذا القانـون، تتبـع الإجراءات الآتية:

أ- تقـديم طلـب الحصـول عـلى شـهادة الجنسـية العراقيـة معنون إلى السـيد وزير الداخلية ويقدم إلى مدير الجنسية موقع من قبل صاحب الطلب.

ب- تدوين إفادته وفق نموذج الإفادة المرفق طيا.

ج- عـدم مفاتحـة مديريـة الإقامـة للأشـخاص المولـودين في العـراق والمقيمـين فيـه والحاصلـين عـلى دفـتر الأحـوال المدنية.

د- مفاتحـة مديريـة الإقامـة لتزويدنا بتفاصيـل الإقامـة المشروعة (لا تقل عن 10 سنوات) سابقة لتقديمه الطلـب لباقي الأشخاص باستثناء المشمولين بالفقرة (جـ) أعلاه.

هـ- تزويدنا بصورة قيده لعام 1957 أو بدفاتر نفوسه القديمة للأعوام 1934/1947.

و- مفاتحة مديرية التسجيل الجنائي لبيان فيما إذا حكم عليـه بجناية أو جنحة مخلة بالشرف.

ز- بيان مهنته الحالية.

ح- تزويدنا بالتقرير الطبي الصادر مـن مستشفى حكومي المؤيد لسلامته من الأمراض الانتقالية وترسـل المعاملـة الى مديريتنا بكتاب رسمي بيد صاحب العلاقة.

أما بصدد الفقرة (ثانيا) من هذا القانون، إذا كان المستدعي من التبعة الفلسطينية ووالدته عراقية الجنسية، فأنه غير مشمول بأحكام المادة (3/آ) من هذا القانون واستنادا لما جاء بــنص هــذه الفقــرة (لا يجــوز مــنح الجنسـية العراقيـة للفسلطينيين ضمانا لحق عودتهم إلى وطنهم).

8- المادة السابعة مـن هـذا القانون، وتتبـع فيهـا نفـس شروط المـادة السادسـة المـذكورة في الفقـرة (7) أعـلاه مـع تزويـدنا بنسخة من عقد الزواج ونسخة مـن شـهادة جنسية الزوجـة وتدوين إفادتها عن استمرار العلاقة الزوجية بيـنهما، ويكون شرط الإقامة هنا خمس سنوات.

9- المادة الحادية عشرة من هذا القانون، وتتبع فيها الإجراءات الآتية:

أ- تقـديم طلــب لاكتسـاب الجنسـية العراقيـة مـن قبـل المستدعية معنون إلى السـيد وزيـر الداخليـة ويقـدم إلى مدير الجنسية.

ب- تدوين إفادتها وزوجها وفق نموذج الإفادة المرفق طيا.

ح- تزويدنا بنسخة من عقد الزواج مصدق من قبـل المحكمـة المختصة.

د- إذا كانت مطلقة أو توفى عنها زوجها وكان لها من مطلقها او زوجها المتـوفى ولـد، فيصـار إلى تزويـدنا بنسـخة مـن عقـد الطلاق أو شهادة الوفاة لزوجها مع قيد ولدها لعام 1957.

هـ- تزويدنا تفاصيل إقامتها، حيـث يجـب مضي مـدة خمـس سنوات على زواجها وإقامتها في العراق.

و- تزويدنا بنسخة من شهادة جنسية الزوج.

ز- تزويدنا بصـورة قيـدها وزوجهـا وولدها لعـام 1957 واذا كانت غيـر مسـجلة لعـام 1957 تزويـدنا بـأي مستمسـك رسمي لها وبيان ولادة ولدها.

تعميم

بالنظر لصدور قانون الجنسية العراقية رقم 26 لسنة 2006 وحيث إن التعاميم السابقة التي صدرت في ضوء قانون الجنسية العراقية رقم 43 لسنة 1963 (الملغي) أصبحت تتعارض مع أحكام القانون النافذ أعلاه.. عليه ينفذ ما يلي:

1- الإجراءات الواجب اتباعها في الحصول شهادة الجنسية العراقية استنادا لشهادة جنسية الأب والأم هي:

أ- تنظيم استمارة رقم (1) للمستدعي.

ب- تدوين إفادته ووالده أو والدته على اصل استمارة، وفي حالة وفاتهما تدون إفادة شاهدين لربط الصلة.

ج- يتم ربط الصلة بهويات الأحوال المدنية.

د- تربط نسخة من (شهادة الجنسية العراقية. هويات الأحوال المدنية للمستدعي ووالده أو والدته المصورة، بطاقة السكن أو البطاقة التموينية).

2- الشخص الذي منح شهادة الجنسية العراقية وفق أحكام المادة (3/أ) من القانون النافذ استنادا لشهادة جنسية والدته فأن أخيه من والده لا يجوز منحه شهادة الجنسية العراقية كون والدتهما مختلفتان، كونهما اخوين من جهة الأب وليسا شقيقين.

3- يعتمد قرار إثبات الرعوية الصادر للمتوفى أو المتوفية من مديرياتكم لغرض منح أولادهما شهادة الجنسية العراقية.

4- تمنح المـرأة العراقيـة المتزوجـة مـن أجنبـي أو عـربي وكذلك الأرملة أو المطلقة (سواء كان الزوج داخل العراق او مجهـول المصير) شهادة الجنسية العراقية من قبل مديرياتكم واستنادا لشهادة والدها أو والدتها أو أحد أشقاءها. ولا داعـي لطلـب شهادة جنسية زوجها إن كانت غير متوفرة.

5- المرأة العراقيـة التي سبق ومنحت شهادة الجنسية العراقيـة عندما كانت آنسـة، وتزوجـت بعـد ذلك أيـاً كانـت جنسـية زوجها. سواء كان عراقـي الجنسـية أو أجنبـي أو عـربي. تمـنح شهادة الجنسـية العراقيـة (بـدل تـالف أو ضـائع) ولا داعـي لحضور زوجها وكذلك لا تطلب شهادة جنسية الـزوج أو أيـة مستمسكات أخرى، ويكتفي بتحديد ذلك بإفادتها فقط.

6- معاملة تصحيح الألقاب أصبحت مـن صلاحية مـديرياتكم بموجب كتابنا المرقم 3236 في 2006/4/3 وان كـل مـن مـدير سفر وجنسية محافظة ومـدير شـؤون الجنسـية في المحافظة المخولان بمنح وتوقيع شهادة الجنسـية العراقيـة، وبأمكانهما أن يعطيا الرأي حول تصحيح الألقاب.

7- تروج جميع معاملات غير العراقيين وتستكمل إجراءات المعاملـة وفق ما أوضحناه بتعميمنا المرقم 1162 في 2006/3/27 الفقرات (5،6،7،8،9) منه وترسل المعاملة إلى مديريتنا للنظر بها وفق مـا جاء بهذا القانون.

8- يتم منح الأولاد شهادة الجنسية العراقية استنادا لشهادة جنسية الأب الذي غادر إلى خارج العراق أو انه مجهول المصير ويتم ربط الصلة بهويات الأحوال المدنية وتدوين إفادة العم شقيق الوالد أو شاهدين.

9- لا يجوز منح شهادة الجنسية العراقية للغجر من مديرياتكم، وإنما تستكمل إجراءات المعاملة وفق التعليمات السابقة المبلغة إليكم وترسل المعاملة إلى مديريتنا للنظر بها.

10- المرأة غير العراقية التي اكتسبت جنسية زوجها العراقي وأصبحت عراقية الجنسية وطلقها زوجها او توفى عنها بعد حصولها على شهادة الجنسية العراقية. لا يجوز سحب الجنسية العراقية عنها.

ونوضح أن سحب الجنسية العراقية عن غير العراقي يتم وفق أحكام المادة (15) من القانون والتي تنص على :

(للوزير سحب الجنسية العراقية من غير العراقي التي اكتسبها إذا ثبت قيامه أو حاول القيام بعمل يعد خطرا على امن الدولة وسلامتها أو قدم معلومات خاطئة عنه أو عن عائلته عند تقديم الطلب اثر صدور حكم قضائي بحق مكتسب لدرجة الثبات).

11- نرفق طيا نسخة من محضر لجنة الجنسية المرقم 1136 في 2006/4/12 للاطلاع بما ورد فيه والخاص بإعادة النظر بالختم الذي كانت تختم به شهادات الجنسية العراقية لغرض تميزها عن غيرها وبموجبه تم إلغاء هذا الختم.

12- إذا لم يدون تأريخ حلف اليمين القانون أو تأريخ كتاب وزارة الداخلية على اصل شهادات التجنس بالجنسية العراقية أو الاكتساب. ترسل هذه الشهادة لمديريتنا لغرض تثبيت ذلك وتعاد إليكم لغرض منح أولاده شهادة الجنسية العراقية.

13- نرفق طيا نسخ من قرارات قيادة الثورة (المنحل) المرقمة 944 لسنة 1986 و329 لسنة 1984 و363 لسنة 1986 و180 لسنة 1980 (للاطلاع على ما ورد فيها فقط).

14- نرفق بطيه نسخة من القانون رقم (1) لسنة 1950 والقانون رقم (12) لسنة 1951 (للاطلاع على ما ورد فيها فقط).

15- يتم ترويج معاملة الحصول على شهادة الجنسية العراقية للمستدعي الذي يروم الحصول على شهادة الجنسية العراقية استنادا لشهادة جنسية والدته وانه غير مسجل لعام 1957 ووالده (غير عراقي) عربي ام أجنبي وتدون إفادة المستدعي ووالدته وتقديم نسخة من شهادة جنسيتها العراقية أو أية مستمسكات رسمية تعود إلى المستدعي (بيان ولادة. جواز سفر أجنبي) وترسل المعاملة إلى مديرية شؤون الجنسية، ويتم إصدار قرار باعتباره عراقيا بالمادة (3/آ) من القانون النافذ وتعاد المعاملة إليكم لتسجيله في سجلات الأحوال المدنية لعام 1957 ومنحه هوية الأحوال المدنية وشهادة الجنسية العراقية من قبلكم.

16- الأشخاص الـذيـن سـبق ومنحوا شهادات الجنسية العراقـيـة وفـق أحكـام المـادة (2/4) و(3/4) مـن قـانون الجنسية العراقية رقم 43 لسنة 1963 الملغى. إذا ظهر هم أشقاء بعد حصولهم على شهادة الجنسية ففي هذه الحالة تـنظم لهـم معاملة تتضمن إفاداتهم بشكل مفصل مـع إفادة شقيقهم صاحب الشـهادة وشاهدين مـع ربط قيدهم لعـام 1957 والمستمسـكات التـي بحوزتـه وترسـل إلى مديريـة شـؤون الجنسية للنظر فيها.

17- المـرأة غـير العراقيـة (الأجنبيـة زوجـة العراقي) ومتزوجـة مـن عراقي الجنسية وحـائزة عـلى هوية الأحـوال المدنيـة ومسجلة لعـام 1957 فأنه في هذه الحالة تستفاد مـن أحكـام المـادة (11) من القانون وهي تكون معفية مـن شرط الإقامة لمـدة (خمـس سنوات) كونها مشمولة بالاستثناء الوارد بالفقرة (ب) من المـادة (6) من القانون النافذ عليه تـروج المعاملـة وفق مـا أوضحنـاه بمنشـورنا المـرقم 1162 في 2006/3/27 وترسـل المعاملـة إلى مديريتنا لغرض عرضها على وزارة الداخلية.

18- جميع الأشخاص الحائزين على شهادات الجنسية العراقيـة وفق أحكـام المادتين (8/آ) و(8/آ) مـن القانون رقم 42 لسنة 1924 الملغي و(1/3) و(2/3) و(1/4) من القانون رقم 43 لسنة 1963 الملغي باعتبارهم من اصل عراقي وورد محـل ولادتهـم أو ولادة والدهم في اصل هذه الشهادات (تركيا) تروج معاملات حصول أولادهم على شهادة الجنسية العراقية من قبلكم.

20- الأشخاص الـذين يتقـدمون بطلـب الحصـول عـلى شـهادات الجنسية العراقيـة اسـتنادا لشـهادة جنسـية والـدهم الـذي ينتمي إلى احد العشائر الحدودية ووالدهم حائز على شهادة الجنسية العراقية من اصل عراقية تـروج معاملـة أولاده مـن قبلكم.

المصادر

أولا :الكتب

1- حامد مصطفى :القانون الدولي الخاص العراقي، مطبعة المعارف - بغداد، 1950، ص144.

2- الأستاذ الدكتور حسن محمد الهداوي والأستاذ المشارك الدكتور غالب علي الدواي: القانون الدولي الخاص. الجنسية، المواطن، مركز الأجانب وأحكامه في القانون العراقي

3- الدكتور حسن الهداوي: الجنسية ومركز الأجانب وأحكامهما في القانون العراقي، ط 4، جامعة بغداد - بغداد، دون سنة طبع.

4- د.حسن الهداوي: الوجيز في القانون الدولي الخاص،ج1 وج2، مطبعة الإرشاد- بغداد، 1961-1962.

5- د. جابر إبراهيم الراوي.القانون الدولي الخاص في الجنسية، مطبعة دار السلام- بغداد -1977.

6- الدكتور فؤاد عبد المنعم رياض: الجنسية في التشريعات العربية المقارنة، الجزء الأول، جامعة الدول العربية-القاهرة ، 1975.

ثانيا:المجلات:

1- مجلة الموسوعة العربية:الجنسية، المجلد السابع. انظر في ذلك موقع على شبكة الانترنت **www.arab-ency.com.**

2- زهير كاظم عبود: حالة انعدام الجنسية، الحوار المتمدن - العدد 902 -22\7\2004. انظر في ذلك الموقع الكتروني www.ahewar.org

3- د. فـؤاد ديـب: المـراة والجنسـية والمسـاواة، مجلـة جامعـة دمشـق للعلـوم الاقتصـادية والقانونيـة – المجلـد 24، العـدد الأول، 2008.

ثالثا: المواقع الالكترونية:

1- شبكة البصرة على الموقع الالكتروني:

http:// articles.abolkhaseb.net

2- www.ahewar.org

3- www.arab-ency.com

4- الموقع الالكتروني www.efrin.net

5- الموقع الالكتروني www.startimes.com

رابعا : القوانين:

1- قانون الجنسية العراقية رقم 26 لسنة 2006.

2- قانون الجنسية العراقية رقم 43 لسنة 1963المعدل.

خامسا : المواثيق الدولية :

1- الإعلان العالمي لحقوق الإنسان لسنة 1948.

2- العهد الـدولي الخـاص بـالحقوق المدنيـة والسياسـية الصـادر بتاريخ 16 كانون الأول 1966 من الأمم المتحدة

سادسا : المنشورات:

1- الجمعيـة العامـة للأمـم المتحـدة / مجلـس حقـوق الإنسان، الدورة العاشرة، البند 2 من جدول الأعمال، التقريـر السـنوي لمفوضية الأمـم المتحـدة السـامية لحقـوق الإنسان وتقارير المفوضية والأمين العـام، الحرمـان التعسـفي مـن الجنسـية، تقرير الأمين العام.

سابعا : القرارات:

1- قرار مجلس قيادة الثورة المنحل رقم 413 تـاريخ 15\4\1975 الوقائع العراقية عدد 2461 في 24\4\1975.
2- قرار مجلس قيادة الثورة المنحل رقم 666 لسنة 1980.
3- المرسوم الجمهوري السوري المرقم 93 لسنة 1962.

فهرس الكتاب

تم بحمد الله وتوفيقه